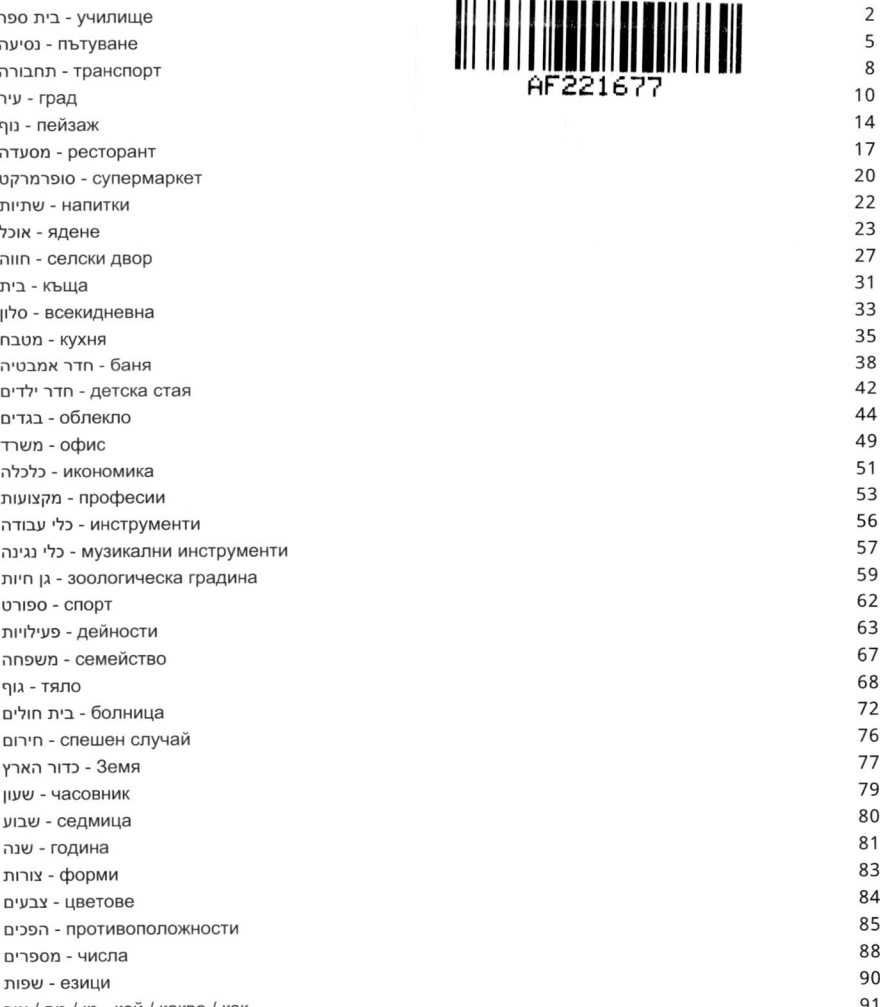

Impressum
Verlag: BABADADA GmbH, Nedderfeld 112 , 22529 Hamburg
Geschäftsführer / Verlagsleitung: Harald Hof
Druck: Books on Demand GmbH, In de Tarpen 42, 22848 Norderstedt

Imprint
Publisher: BABADADA GmbH, Nedderfeld 112 , 22529 Hamburg, Germany
Managing Director / Publishing direction: Harald Hof
Print: Books on Demand GmbH, In de Tarpen 42, 22848 Norderstedt

בית ספר

училище

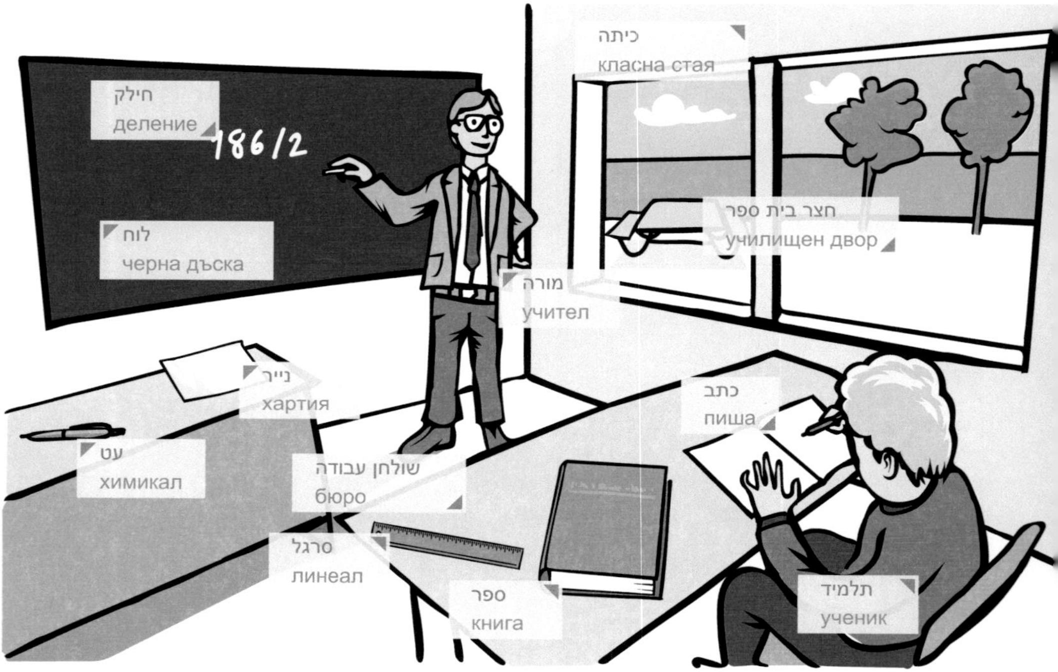
כיתה
класна стая
חילק
деление
186/2
לוח
черна дъска
חצר בית ספר
училищен двор
מורה
учител
נייר
хартия
כתב
пиша
עט
химикал
שולחן עבודה
бюро
סרגל
линеал
ספר
книга
תלמיד
ученик

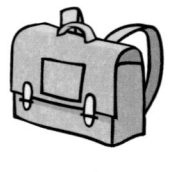

ילקוט

ученическа раница

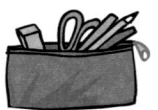

קלמר

ученически несесер

עיפרון

молив

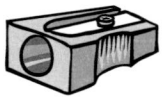

מחדד

острилка за моливи

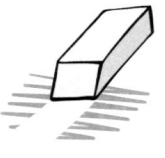

גומי מחיקה

гума

חוברת סרטוט

блок за рисуване

סרטוט

рисунка

מברשת

четка

קופסת צבעים

акварелни бои

מספריים

ножица

דבק

лепило

ספר תרגול

тетрадка за упражнения

שיעור בית

домашна работа

מספר

число

חיבר

събиране

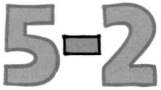

חיסר

изваждане

הכפיל

умножение

חישב

смятане

אות

буква

אלפבית

азбука

מילה

дума

טקסט

текст

קרא

чета

גיר

тебешир

שיעור

час

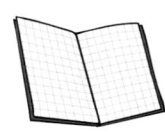

יומן נוכחות

дневник на класа

מבחן

изпит

תעודה

свидетелство

תלבושת בית ספר

ученическа униформа

חינוך

образование

אנציקלופדיה

справочник

אוניברסיטה

университет

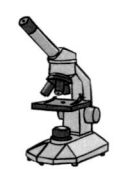

מיקרוסקופ

микроскоп

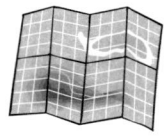

מפה

карта

סל נייר

кошче за хартиени
отпадъци

נסיעה

пътуване

Grand
מלון
хотел
ROOMS
הוסטל
хостел
EXCHANGE
המרת מטבע
обменно бюро
מזוודה
куфар
אוטו
кола

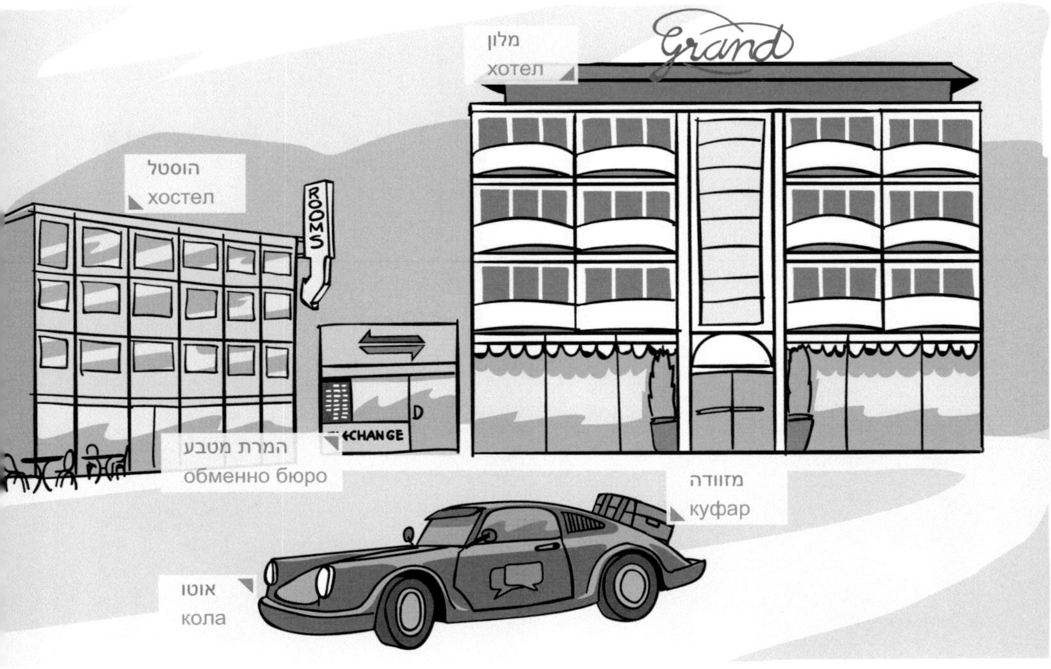

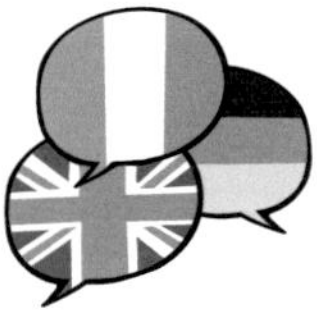

שפה

език

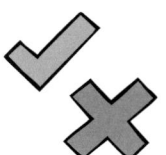

כן / לא

да / не

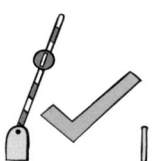

בסדר

Окей

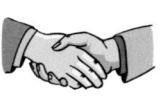

שלום

здравей

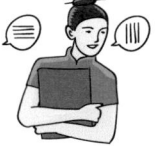

מתרגם

преводач

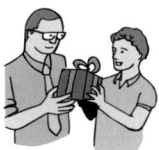

תודה

Благодаря

כמה עולה.....?

Колко струва…?

אני לא מבין

Не разбирам

בעיה

проблем

ערב טוב!

Добър вечер!

בוקר טוב!

Добро утро!

לילה טוב!

Лека нощ!

להתראות

довиждане

כיוון

посока

כבודה

багаж

תיק

пътна чанта

תרמיל גב

раница

אורח

посетител

חדר

стая

שק שינה

спален чувал

אוהל

палатка

מרכז מידע לתיירים

уристическа информация

חוף ים

плаж

כרטיס אשראי

кредитна карта

ארוחת בוקר

закуска

ארוחת צהריים

обед

ארוחת ערב

вечеря

כרטיס

билет

מעלית

асансьор

בול

пощенска марка

גבול

граница

מכס

митница

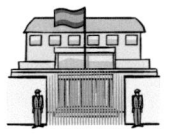

שגרירות

посолство

אשרה

виза

דרכון

паспорт

תחבורה
транспорт

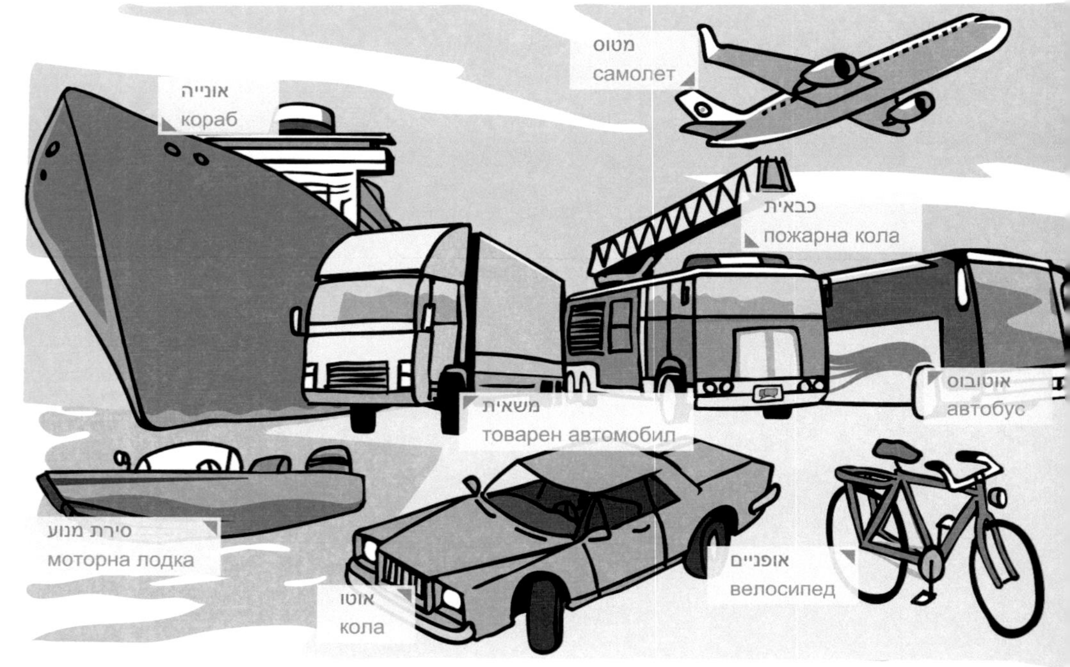

מטוס
самолет
אונייה
кораб
כבאית
пожарна кола
משאית
товарен автомобил
אוטובוס
автобус
סירת מנוע
моторна лодка
אופניים
велосипед
אוטו
кола

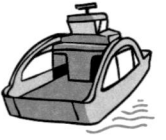

מעבורת

ферибот

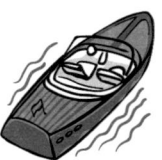

סירה

лодка

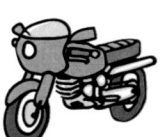

אופנוע

мотоциклет

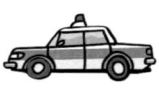

ניידת משטרה

полицейска кола

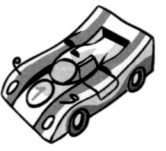

מכונית מרוץ

състезателна кола

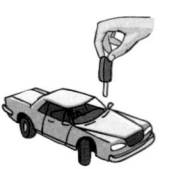

רכב שכור

кола под наем

מכוניות בשיתוף

каршеринг

אוטו גרר

автомобил от "Пътна помощ"

משאית זבל

сметовоз

מנוע

двигател

דלק

бензин

תחנת דלק

бензиностанция

תמרור

пътен знак

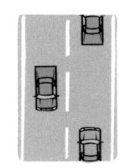

תנועה

улично движение

פקק תנועה

задръстване

חניה

паркинг

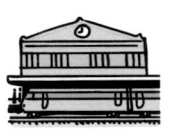

תחנת רכבת

гара

פסי רכבת

релси

רכבת

влак

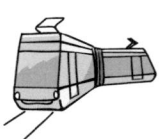

רכבת קלה

трамвай

קרון

вагон

מסוק

хеликоптер

שדה-תעופה

аерогара

מגדל

кула

נוסע

пасажер

קונטיינר

контейнер

קרטון

кашон

עגלה

ръчна количка

סל

кошница

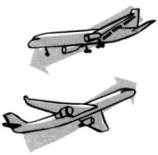

המראה / נחיתה

излитам / приземявам се

עיר

град

כפר

село

מרכז העיר

градски център

בית

къща

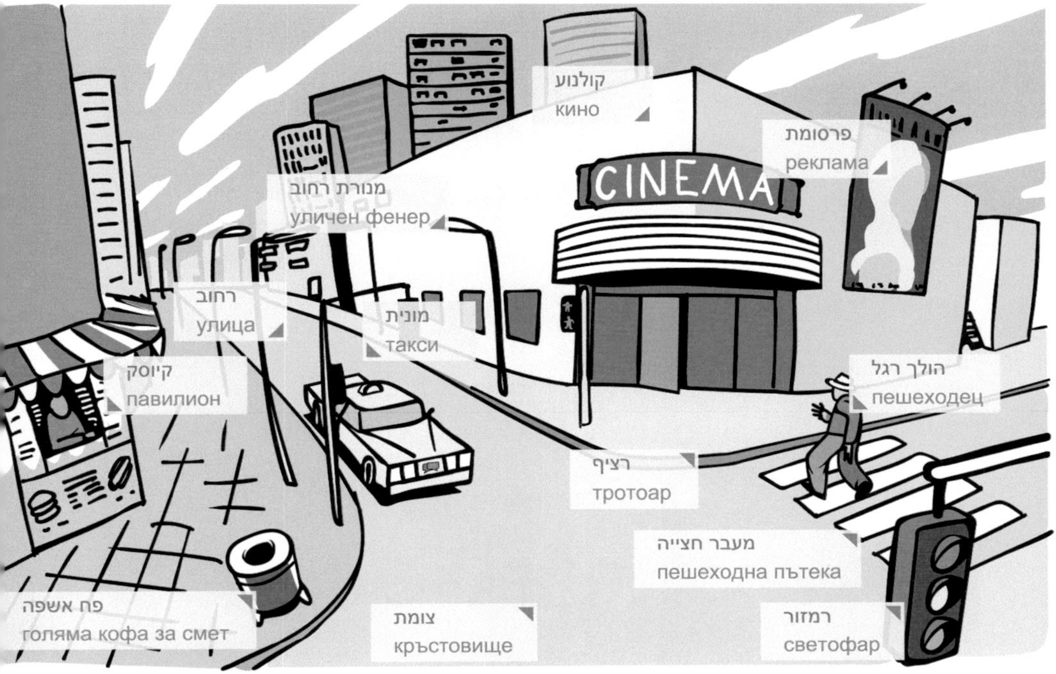

![CINEMA scene]

קולנוע / кино

פרסומת / реклама

מנורת רחוב / уличен фенер

רחוב / улица

מונית / такси

הולך רגל / пешеходец

קיוסק / павилион

רציף / тротоар

מעבר חצייה / пешеходна пътека

פח אשפה / голяма кофа за смет

צומת / кръстовище

רמזור / светофар

בקתה
....
хижа

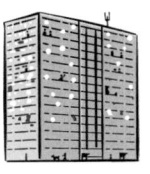

דירה
....
жилище

תחנת רכבת
....
гара

עירייה
....
кметство

מוזיאון
....
музей

בית ספר
....
училище

אוניברסיטה

университет

בנק

банка

בית חולים

болница

מלון

хотел

בית מרקחת

аптека

משרד

офис

חנות ספרים

книжарница

חנות

магазин за цветя

חנות פרחים

магазин за цветя

סופרמרקט

супермаркет

שוק

пазар

כל-בו

универсален магазин

מוכר דגים

търговец на риба

קניון

търговски център

נמל

пристанище

פארק

парк

ספסל

пейка

גשר

мост

מדרגות

стълба

רכבת תחתית

метро

מנהרה

тунел

תחנת אוטובוס

автобусна спирка

בר

бар

מסעדה

ресторант

תא דואר

пощенска кутия

שלט רחוב

улична табелка

מדחן

часовник за паркинг
престой

גן חיות

зоологическа градина

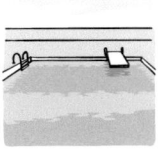

בריכת שחיה

плувен басейн

מסגד

джамия

חווה
селски двор

זיהום
замърсяване на околната среда

בית עלמין
гробище

כנסייה
църква

מגרש משחקים
детска площадка

בית מקדש
храм

נוף
пейзаж

עלה
листо

תמרור
пътепоказател

דרך
път

מרעה
ливада

אבן
камък

עץ
дърво

מטייל
пътешественик

נהר
река

דשא
трева

פרח
цвете

בקעה

долина

הר

планина

אגם

море

יער

гора

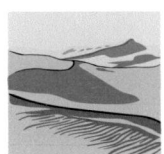

מדבר

пустиня

הר געש

вулкан

טירה

замък

קשת בענן

дъга

פטריה

гъба

דקל

палма

יתוש

комар

זבוב

муха

נמלה

мравка

דבורה

пчела

עכביש

паяк

חיפושית

бръмбар

צפרדע

жаба

סנאי

катеричка

קיפוד

таралеж

ארנב

заек

ינשוף

кукумявка

ציפור

птица

ברבור

лебед

חזיר בר

диво прасе

צבי

елен

אייל הקורא

лос

סכר

бент

טורבינת רוח

вятърна турбина

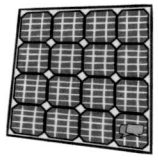

פנל סולארי

соларен модул

אקלים

климат

מסעדה
ресторант

מלצר
келнер
תפריט
меню
כסא
стол
מרק
супа
פיצה
пица
סכו"ם
прибори за хранене
מפת שולחן
покривка за маса

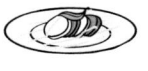

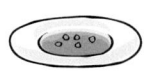

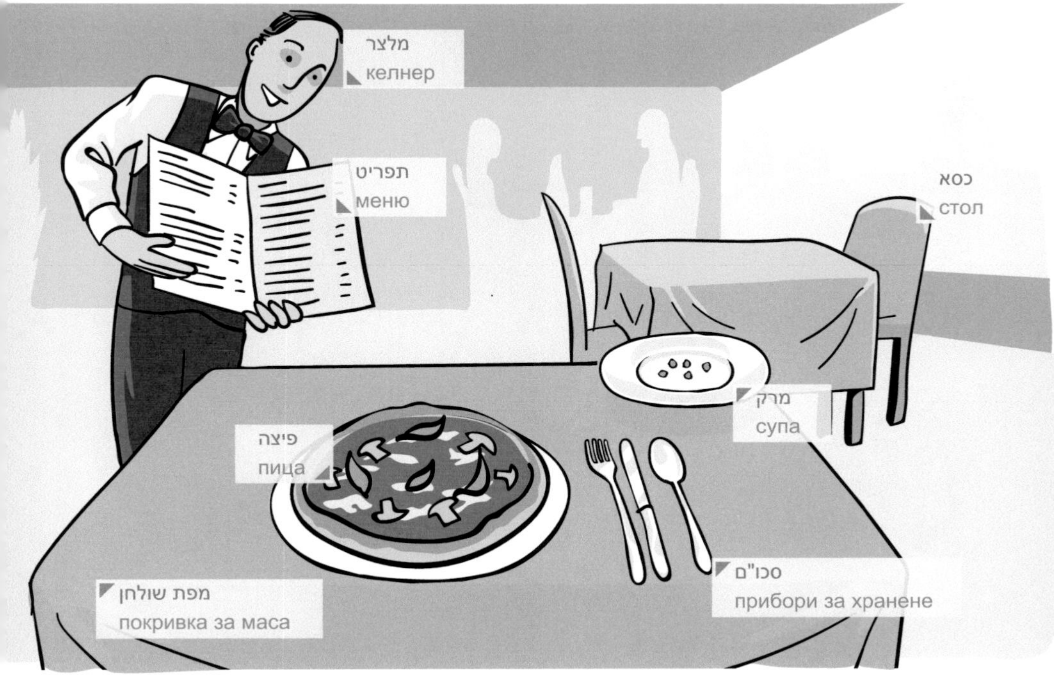

מנת פתיחה

предястие

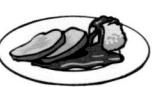

מנה עיקרית

основно ястие

קינוח

десерт

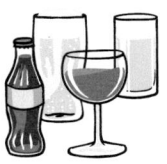

שתיות

напитки

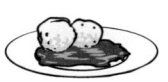

אוכל

ядене

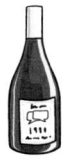

בקבוק

бутилка

מזון מהיר

бързо хранене

אוכל רחוב

улична храна

קנקן תה

кана за чай

מסכרת

кутия за захар

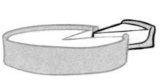

מנה

порция

מכונת אספרסו

еспресо машина

כסא תינוק

висок детски стол

חשבון

сметка

מגש

табла

סכין

ножица за нокти

מזלג

вилица

כף

лъжица

כפית

чаена лъжичка

מפית

салфетка

כוס

стъклена чаша

מסעדה - ресторант

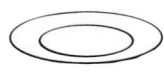

צלחת

чиния

קערת מרק

чиния за супа

תחתית

чинийка

רוטב

соус

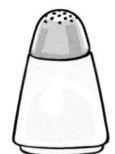

מלחייה

солница

מטחנת פלפל

мелничка за черен пипер

חומץ

оцет

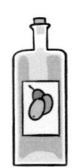

שמן

олио

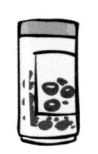

תבלינים

подправки

קטשופ

кетчуп

חרדל

горчица

מיונז

майонеза

סופרמרקט
супермаркет

מבצע
оферта
FOR
לקוח
клиент
מוצרי חלב
млечни продукти
פירות
плодове
עגלת קניות
количка за покупки

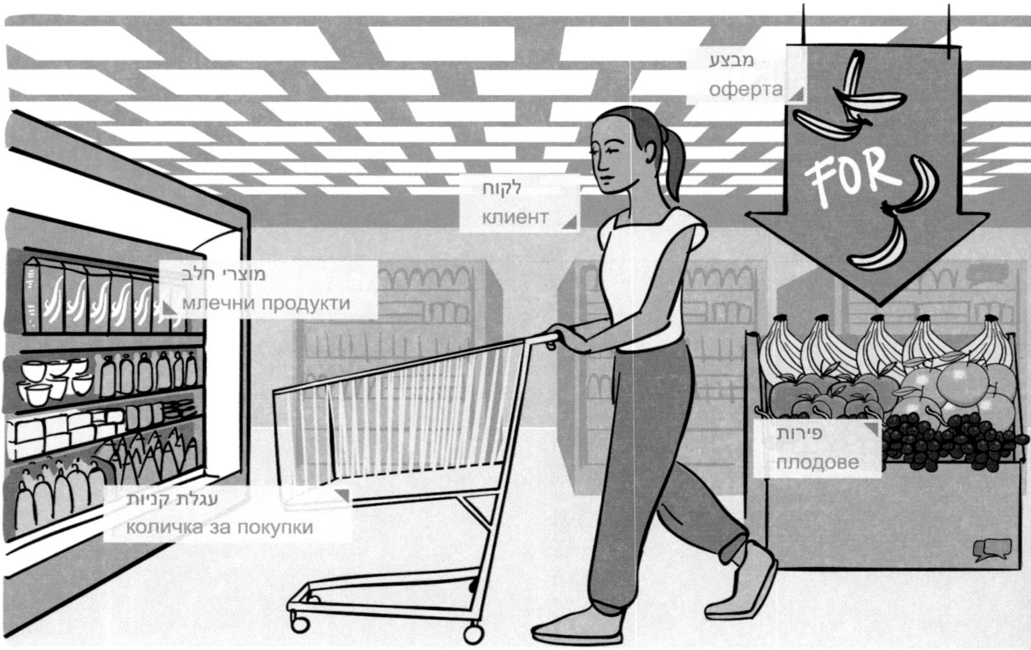

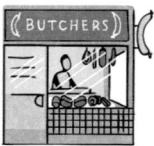

BUTCHERS

אטליז

клaница

BAKERY

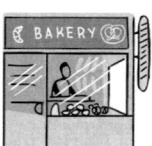

מאפייה

хлебарница

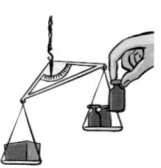

שקל

тегля

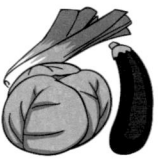

ירקות

зеленчуци

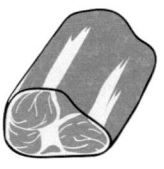

בשר

месо

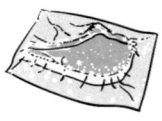

מזון קפוא

дълбоко замразена храна

בשר קר

נарязан колбас или
сирене

שימורים

консерви

אבקת כביסה

перилен препарат

ממתקים

лакомства

מוצרי בית

домакински изделия

חומר ניקוי

почистващи препарати

מוכרת

продавачка

קופה

каса

קופאי

касиер

רשימת קניות

списък на покупките

שעות פתיחה

работно време

ארנק

портфейл

כרטיס אשראי

кредитна карта

תיק

чанта

שקית ניילון

пластмасова торба

מים

вода

מיץ

сок

חלב

мляко

קולה

кола

יין

вино

בירה

бира

אלכוהול

алкохол

קקאו

какао

תה

чай

קפה

кафе машина

אספרסו

еспресо

קפוצ'ינו

капучино

בננה

банан

תפוח

ябълка

תפוז

портокал

אבטיח

пъпеш

לימון

лимон

גזר

морков

שום

чесън

במבוק

бамбук

בצל

лук

פטריות

гъба

אגוזים

ядки

אטריות

макарони

ספגטי
спагети

אורז
ориз

סלט
салата

צ'יפס
пържени картофи

צ'יפס
печени картофи

פיצה
пица

המבורגר
хамбургер

כריך
сандвич

שניצל
шницел

שינקן
шунка

סלאמי
траен колбас

נקניקיה
салам

עוף
пиле

טיגון
печено

דג
риба

שיבולת שועל

овесени ядки

מוזלי

мюсли

קורנפלקס

корнфлейкс

קמח

брашно

קרואסון

кроасан

לחמנייה

хлебчета

לחם

хляб

טוסט

препечена филийка

עוגיות

бисквити

חמאה

масло

גבינה לבנה

извара

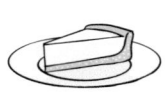

עוגה

сладкиш

ביצה

яйце

ביצת עין

яйца на очи

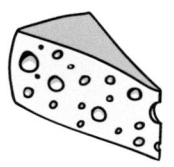

גבינה

сирене

גלידה

сладолед

סוכר

захар

דבש

мед

ריבה

мармалад

ממרח נוגט

нуга крем

קארי

къри

בית חווה
селска къща

אסם
плевня

חבילת שחת
бала сено

שדה
поле

סוס
кон

עגלת נגרר
ремарке

טרקטור
трактор

סייח
конче

חמור
магаре

כבש
овца

טלה
агне

עז
коза

פרה
крава

עגל
теле

חזיר
свиня

חזרזיר
прасенце

שור
бик

אווז

гъска

ברווז

патица

אפרוח

пиленце

תרנגולת

кокошка

תרנגול

петел

חולדה

плъх

חתול

котка

עכבר

мишка

שור

вол

כלב

куче

מלונה

кучешка колиба

צינור השקיה

градински маркуч

קנקן מים

лейка

חרמש

коса

מחרשה

плуг

מגל

сърп

מגרפה

мотика

קלשון

вила за тор

גרזן

брадва

מריצה

ръчна количка

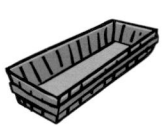

שוקת

корито

כד חלב

съд за мляко

שק

чувал

גדר

ограда

אורווה

обор

חממה

парник

אדמה

земя

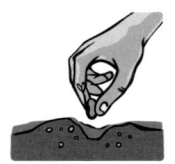

זרע

сеитба

דשן

тор

מקצרה

комбайн

חווה - селски двор

29

קָצַר

жъна

קָצִיר

реколта

בטטה אפריקנית

ямс

חיטה

жито

סויה

соя

תפוח אדמה

картоф

תירס

царевица

קנולה

рапица

עץ פירות

овощно дърво

קָסָבה

маниока

דגנים

зърнени храни

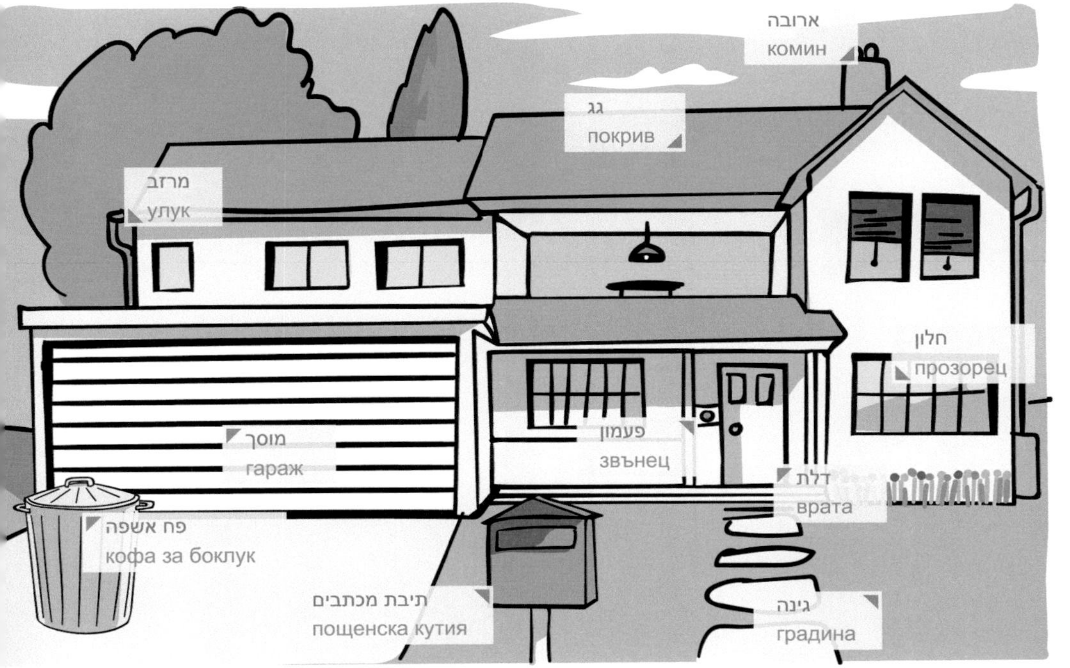

ארובה
комин

גג
покрив

מרזב
улук

חלון
прозорец

מוסך
гараж

פעמון
звънец

דלת
врата

פח אשפה
кофа за боклук

תיבת מכתבים
пощенска кутия

גינה
градина

סלון

всекидневна

חדר אמבטיה

баня

מטבח

кухня

חדר שינה

спалня

חדר ילדים

детска стая

חדר אוכל

трапезария

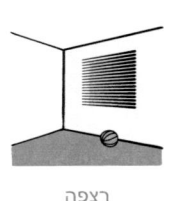

רצפה

под

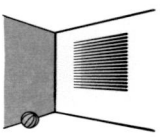

קיר

стена

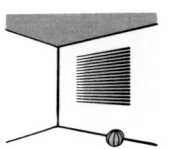

תקרה

таван

מרתף

изба

סאונה

сауна

מרפסת

балкон

מרפסת

тераса

בריכה

плувен басейн

מכסחת דשא

косачка

סדין

спално бельо

כיסוי מיטה

покривка за легло

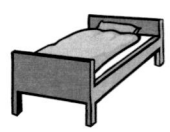

מיטה

легло

מטאטא

метла

דלי

кофа

מפסק

електрически ключ

סלון
всекидневна

טפט
тапет
תמונה
картина
מנורה
лампа
מדף
рафт
ארון
шкаф
טלוויזיה
телевизор
אח
камина
פרח
цвете
כרית
възглавница
ספה
канапе
אגרטל
ваза
שלט רחוק
дистанционно управление

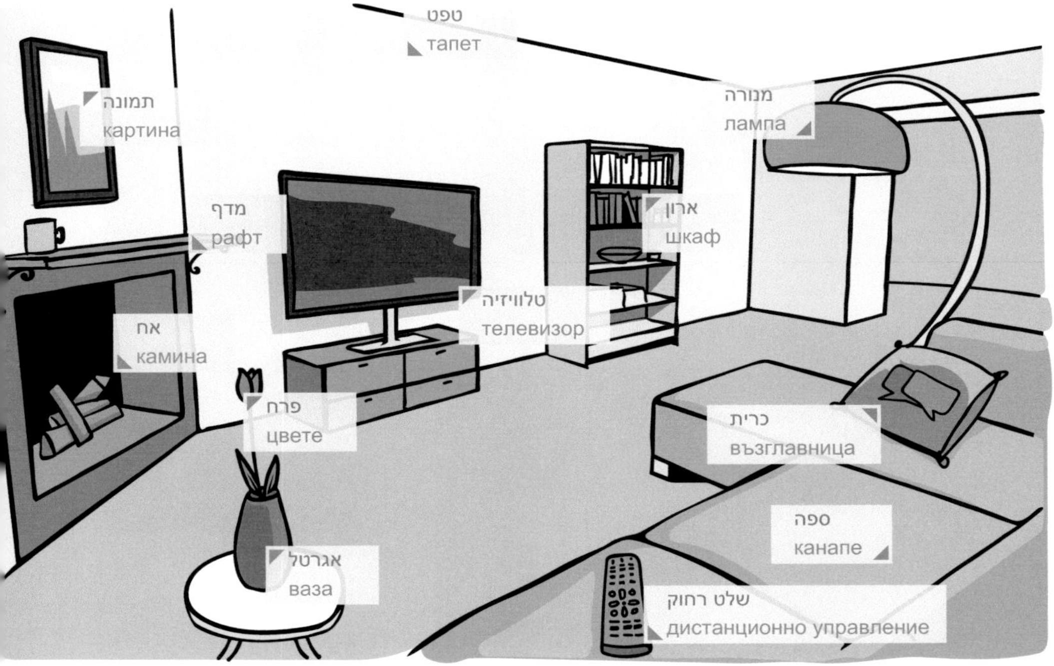

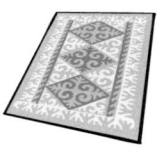

שטיח

килим

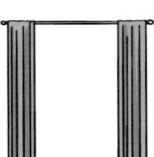

וילון

завеса

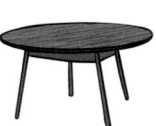

שולחן

маса

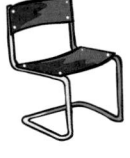

כסא

стол

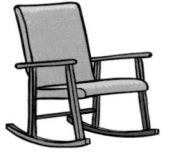

כיסא נדנדה

люлеещ се стол

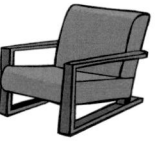

כורסה

кресло

ספר

книга

שמיכה

одеяло

דקורציה

декорация

עצי הסקה

дърва за отопление

סרט

филм

מערכת סטריאו

стерео уредба

מפתח

ключ

עיתון

вестник

ציור

живопис

פוסטר

постер

רדיו

радио

מחברת

бележник

שואב אבק

прахосмукачка

קקטוס

кактус

נר

свещ

מטבח

кухня

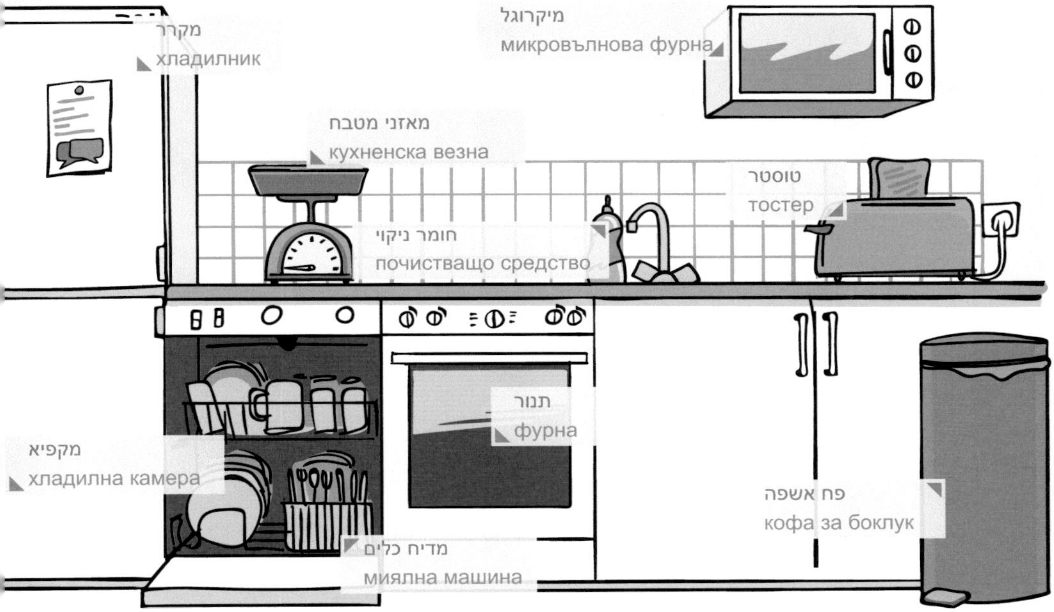

מקרר
хладилник
מיקרוגל
микровълнова фурна
מאזני מטבח
кухненска везна
טוסטר
тостер
חומר ניקוי
почистващо средство
תנור
фурна
מקפיא
хладилна камера
פח אשפה
кофа за боклук
מדיח כלים
миялна машина

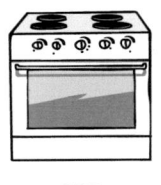

תנור

готварска печка

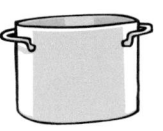

סיר

тенджера

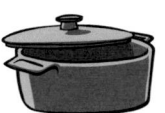

סיר ברזל

желязна тенджера

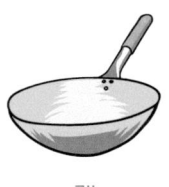

ווק

уок / кадаи

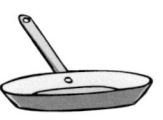

מחבת

тиган

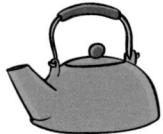

קומקום חשמלי

кана за затопляне на вода

מאדה

уред за готвене на пара

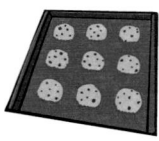

מגש אפייה

тава за печене

כלי אוכל

съдове

ספל

чаша

קערה

купа

צ'ופסטיקס

клечки за хранене

מצקת

черпак

מרית

лопатка за тиган

מטרפה

тел за разбиване (на яйца, белтъци)

מסננת בישול

кошница за варене

מסננת

гевгир

מגרדת

ренде

מכתש

хаван

גריל

барбекю

מדורה

огнище

קרש חיתוך

דъска

מערוך

точилка

פותחן פקקים

тирбушон

פחית

кутия

פותחן קופסאות

отварачка за консерви

מטלית

кухненска ръкохватка

כיור

мивка

מברשת

четка

ספוג

гъба

בלנדר

миксер

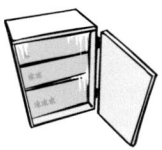

מקפיא

фризер

בקבוק לתינוק

бебешко шише

ברז

воден кран

חדר אמבטיה

баня

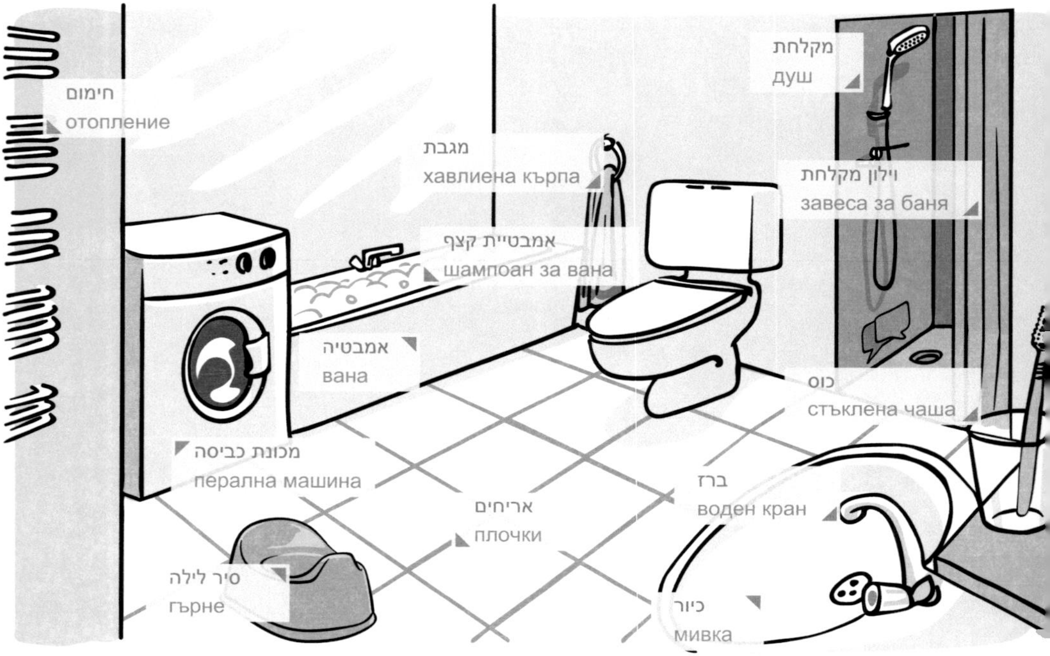

חימום
отопление
מקלחת
душ
מגבת
хавлиена кърпа
וילון מקלחת
завеса за баня
אמבטיית קצף
шампоан за вана
אמבטיה
вана
כוס
стъклена чаша
מכונת כביסה
перална машина
ברז
воден кран
אריחים
плочки
סיר לילה
гърне
כיור
мивка

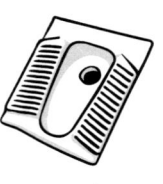

אסלה

тоалетна

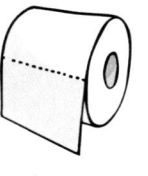

אסלת כריעה

клекало

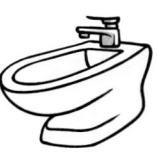

בידה

биде

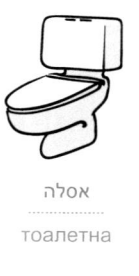

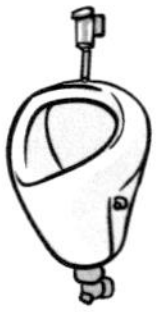

משתנה

писоар

נייר טואלט

тоалетна хартия

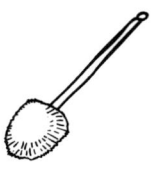

מברשת אסלה

четка за тоалетна

מברשת שיניים

четка за зъби

משחת שיניים

паста за зъби

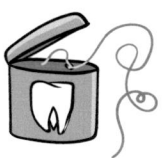

חוט דנטלי

конец за зъби

שטף

мия

מקלחת יד

ръчен душ

צינור שטיפה לשירותים

интимен душ

קערת רחצה

леген

מברשת גב

четка за гръб

סבון

сапун

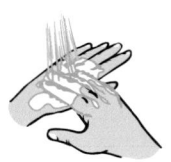

ג'ל רחצה

душ гел

שמפו

шампоан за вана

ליפה

гъба за баня

ניקוז

сифон

קרם

крем

דיאודורנט

дезодорант

מראה

огледало

מראת יד

козметично огледало

סכין גילוח

ръчна самобръсначка

קצף גילוח

пяна за бръснене

אפטרשייב

одеколон за след
бръснене

מסרק

гребен

מברשת

четка

מייבש שיעור

сешоар

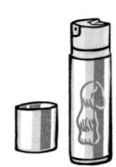

ספריי לשיער

спрей за коса

איפור

грим

שפתון

червило

לק

лак за нокти

צמר גפן

памук

מספריים לציפורניים

ножица за нокти

בושם

парфюм

תיק כלי רחצה

тоалетна чантичка

שרפרף

табуретка

משקל

везна

חלוק רחצה

хавлия

כפפות גומי

домакински ръкавици

טמפון

тампон

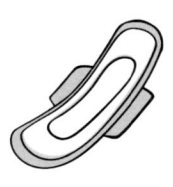

תחבושת סניטרית

дамски превръзки

שירותים כימיקליים

химическа тоалетна

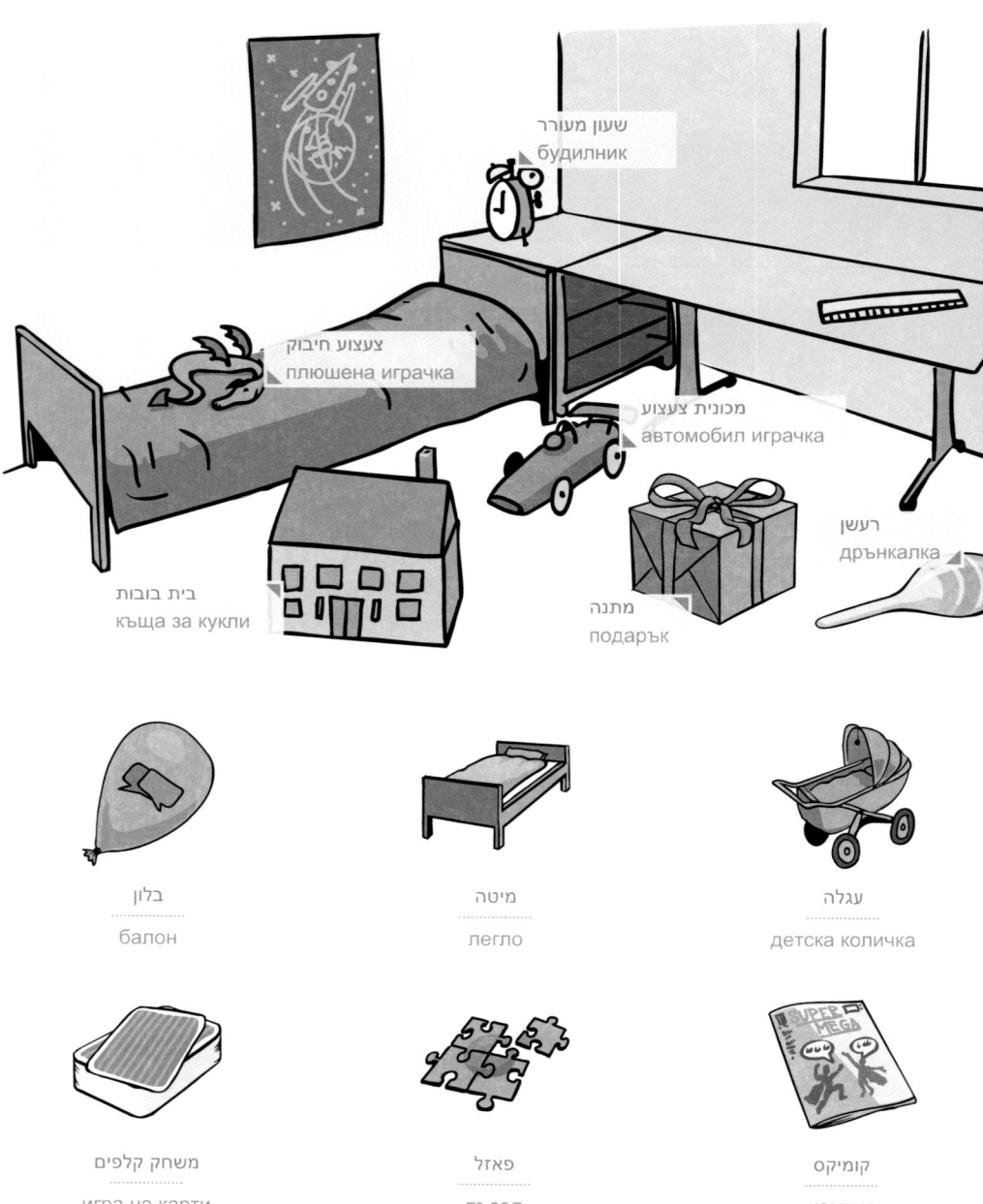

שעון מעורר
будилник

צעצוע חיבוק
плюшена играчка

מכונית צעצוע
автомобил играчка

רעשן
дрънкалка

בית בובות
къща за кукли

מתנה
подарък

בלון
балон

מיטה
легло

עגלה
детска количка

משחק קלפים
игра на карти

פאזל
пъзел

קומיקס
комикс

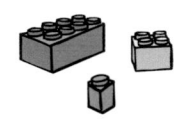

לגו

лего елементи

קוביות משחק

строителни елементи

דמות משחק

екшън фигурка

סרבל תינוקות

бебешки гащеризон

פריזבי

фрисби

נייד

бебешки играчки за легло

משחק לוח

настолна игра

קוביה

зарче

רכבת צעצוע

миниатюрно влакче

מוצץ

биберон

מסיבה

парти

אלבום תמונות

детска книга с илюстрации

כדור

топка

בובה

кукла

שיחק

играя

ארגז חול

пясъчник

נדנדה

люлка

צעצועים

играчка

קונסולת משחקים

игрова конзола

אופניים תלת גלגלי

велосипед с три колелета

דובון

плюшено мече

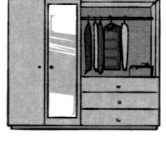

ארון בגדים

гардероб

בגדים

облекло

גרביים

къси чорапи

גרביונים

дълги чорапи

גרביון

чорапогащник

צעיף
шал

מטריה
чадър

חולצת טי
T-шърт

חגורה
колан

מגפיים
ботуши

נעלי בית
пантофи

נעלי ספורט
гуменки

סנדלים
сандали

נעליים
обувки

מגפי גומי
гумени ботуши

תחתונים
слип

חזייה
сутиен

וסט
долна блуза

גוף

боди

מכנסיים

панталон

ג'ינס

дънки

חצאית

пола

חולצה מכופתרת

блуза

חולצה

риза

אפודה

пуловер

סוויצ'ר עם קפוצ'ון

суичър

בלייזר

блейзър

ז'קט

яке

מעיל

палто

מעיל גשם

дъждобран

תלבושת

костюм

שמלה

рокля

שמלת כלה

булчинска рокля

חליפה

костюм

כותונת לילה

нощница

פיג'מה

пижама

סארי

сари

מטפחת ראש

кърпа за глава

טורבן

тюрбан

בורקה

бурка

קאפטן

кафтан

עבאיה

абая

בגד ים

бански костюм

בגד ים

плувни шорти

מכנסיים קצרים

къс панталон

בגד אימון

анцуг

סינר

престилка

כפפות

ръкавици

כפתור

копче

משקפיים

очила

צמיד יד

гривна

שרשרת

верижка

טבעת

пръстен

עגיל

обеца

כובע

каскет

קולב

закачалка

כובע

шапка

עניבה

вратовръзка

רוכסן

цип

קסדה

каска

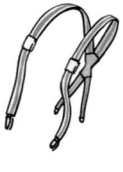

כתפיות

тиранти

תלבושת בית ספר

ученическа униформа

מדים

униформа

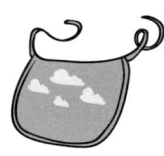

מפית אוכל

лигавник

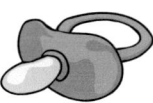

מוצץ

биберон

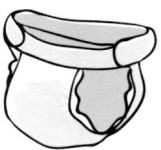

חיתול

пелена

משרד

офис

שרת
сървър
תיקייה
шкаф за документи
מדפסת
принтер
נייר
хартия
מסך
монитор
עכבר
мишка
שולחן עבודה
бюро
תיק
папка
מקלדת
клавиатура
סל נייר
кошче за хартиени отпадъци
מחשב
компютър
כסא
стол

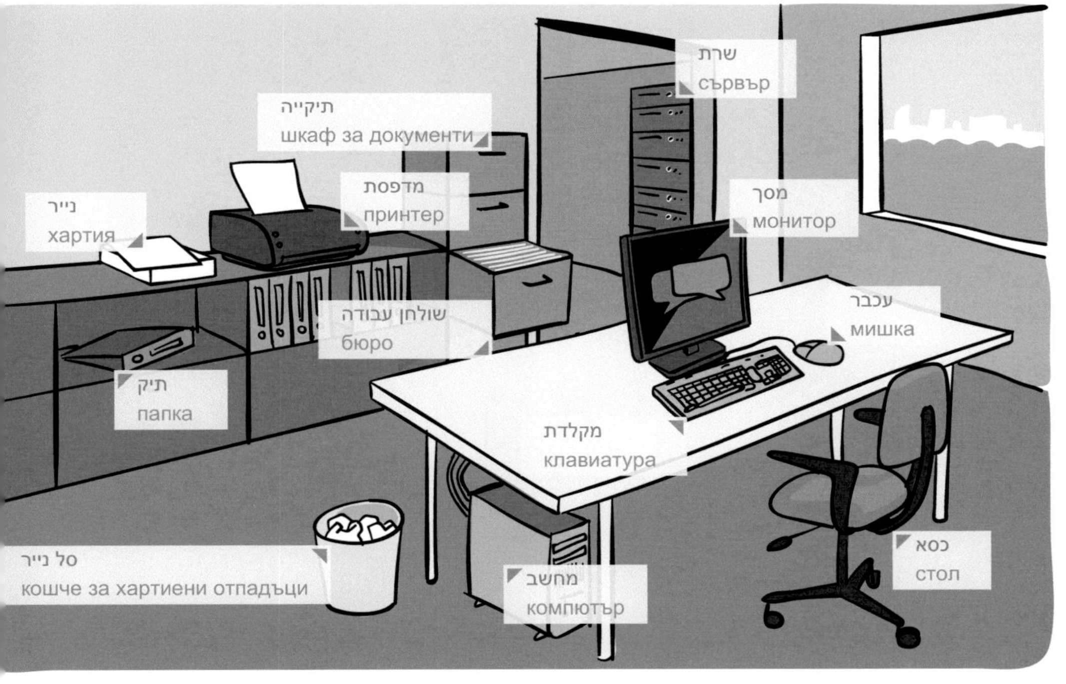

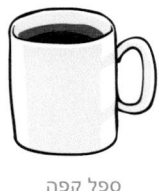

ספל קפה

чаша за кафе

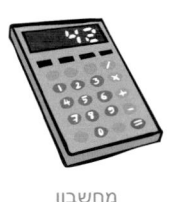

מחשבון

джобен калкулатор

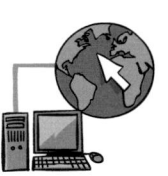

אינטרנט

интернет

מחשב נייד

лаптоп

מכתב

писмо

הודעה

съобщение

נייד

мобилен телефон

רשת

мрежа

מכונת צילום

ксерокс

תוכנה

софтуер

טלפון

телефон

שקע

контакт

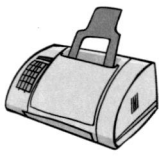

פקס

факс

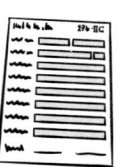

טופס

формуляр

מסמך

документ

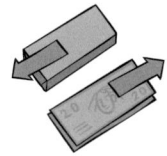

קנה
....
купувам

שילם
....
плащам

סחר
....
търгувам

כסף
....
пари

דולר
....
долар

יורו
....
евро

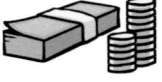

יֵן
....
йена

רובל
....
рубла

פרנק שווייצרי
....
швейцарски франк

יואן רנמינבי
....
ренминби юан

רופי
....
рупия

כספומט
....
банкомат

המרת מטבע

обменно бюро

זהב

злато

כסף

сребро

נפט

нефт

אנרגיה

енергия

מחיר

цена

חוזה

договор

מס

данък

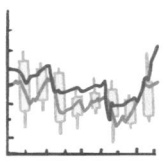

מנייה

акция

עבד

работя

עובד

служител

מעסיק

работодател

מפעל

фабрика

חנות

магазин за цветя

מקצועות

професии

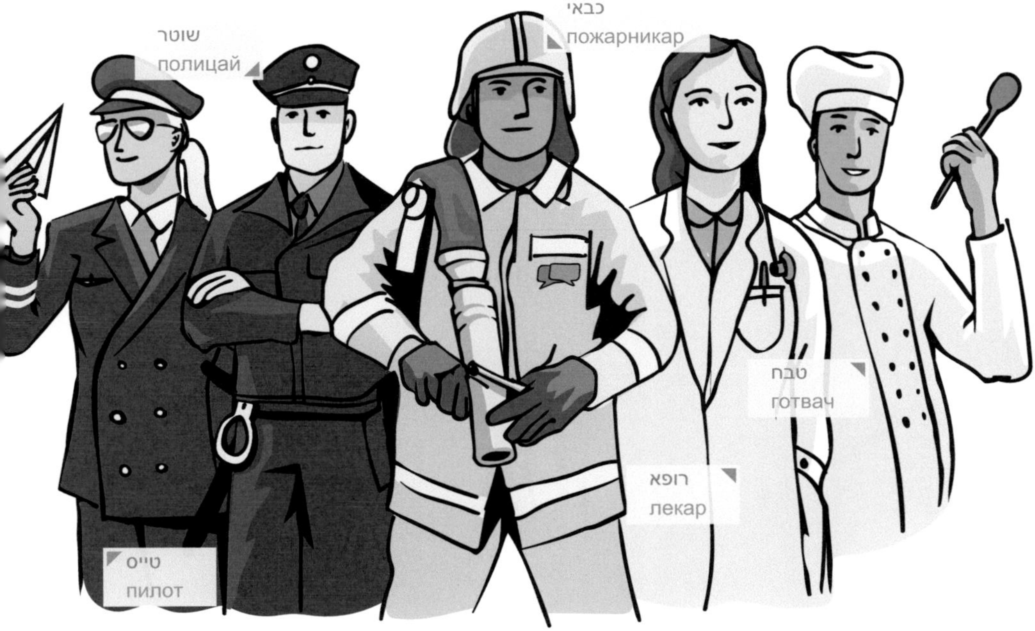
שוטר
полицай
כבאי
пожарникар
טבח
готвач
רופא
лекар
טייס
пилот

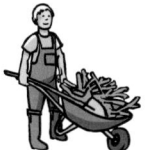

גנן

градинар

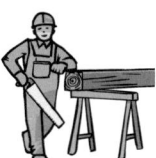

נגר

мебелист

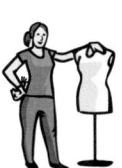

תופרת

шивачка

שופט

съдия

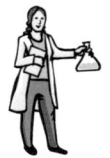

כימאי

химик

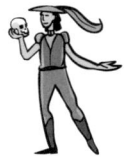

שחקן

артист

נהג אוטובוס

шофьор на автобус

נהג מונית

шофьор на такси

דייג

рибар

עובדת נקיון

чистачка

מתקן גגות

майстор на покриви

מלצר

келнер

צייד

ловец

צייר

художник

אופה

хлебар

חשמלאי

електротехник

עובד בניין

строителен работник

מהנדס

инженер

קצב

касапин

אינסטלטור

тенекеджия

דוור

пощальон

חייל

войник

אדריכל

архитект

קופאי

касиер

מוכר פרחים

цветар

ספר

фризьор

כרטיסן

кондуктор

מכונאי

механик

קברניט

капитан

רופא שיניים

зъболекар

מדען

научен работник

רב

равин

אימאם

има̀м

נזיר

монах

כומר

свещеник

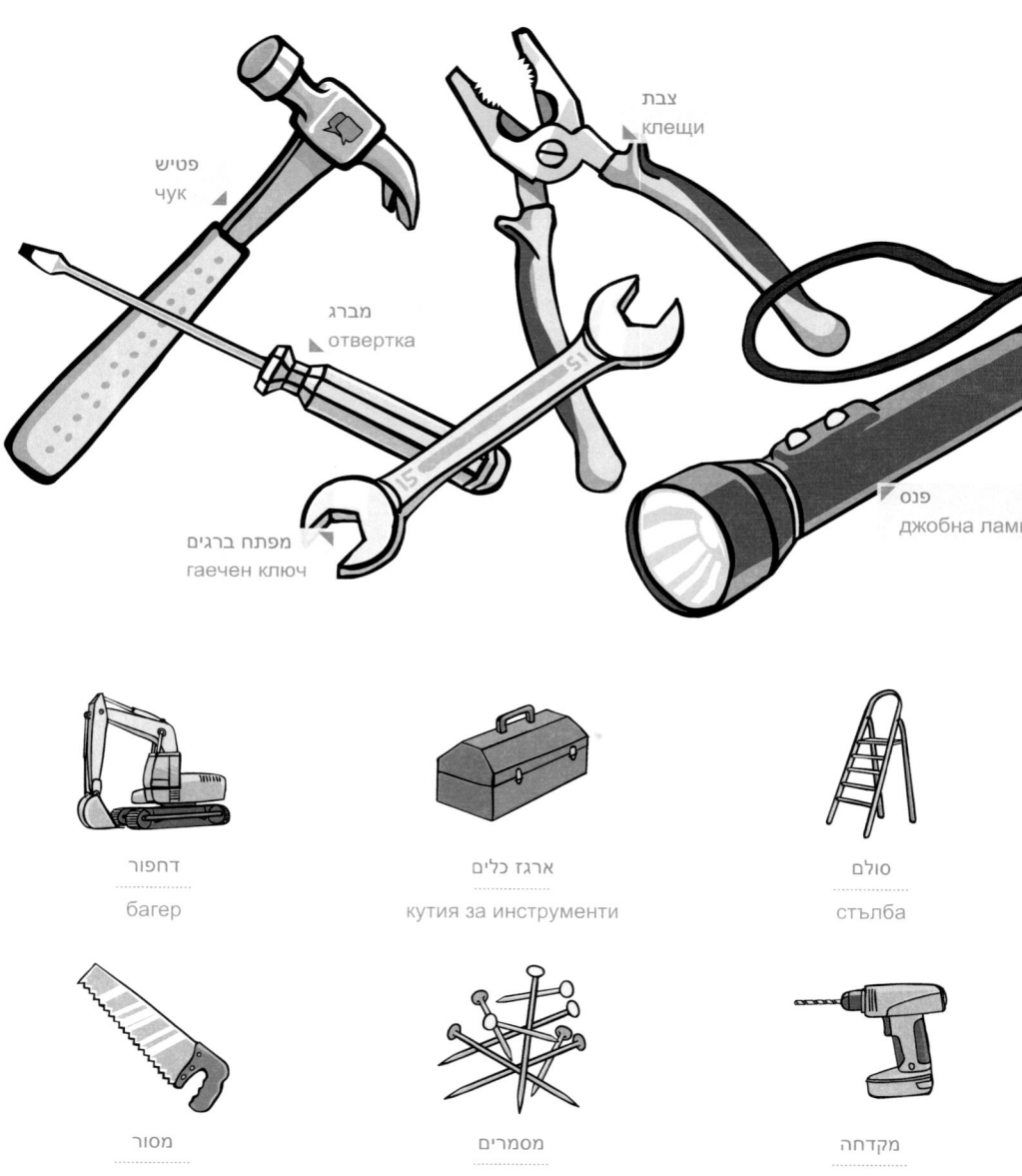

פטיש
чук

צבת
клещи

מברג
отвертка

מפתח ברגים
гаечен ключ

פנס
джобна лампа

דחפור

багер

ארגז כלים

кутия за инструменти

סולם

стълба

מסור

трион

מסמרים

пирони

מקדחה

бормашина

תיקן
ремонтирам

את חפירה
лопата

לעזאזל!
По дяволите!

יעה
лопатка за смет

פח צבע
кутия за боя

ברגים
болтове

כלי נגינה

музикални инструменти

מערכת תופים
ударни инструменти

רמקול
високоговорител

גיטרה
китара

קונטראבס
контрабас

חצוצרה
тромпет

פסנתר

пиано

כינור

виолина

בס

контрабас

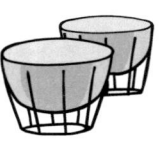

תוף הדוד

тимпан

תופים

барабан

מקלדת פסנתר

електрическо пиано

סקסופון

саксофон

חליל

флейта

מיקרופון

микрофон

גן חיות

зоологическа градина

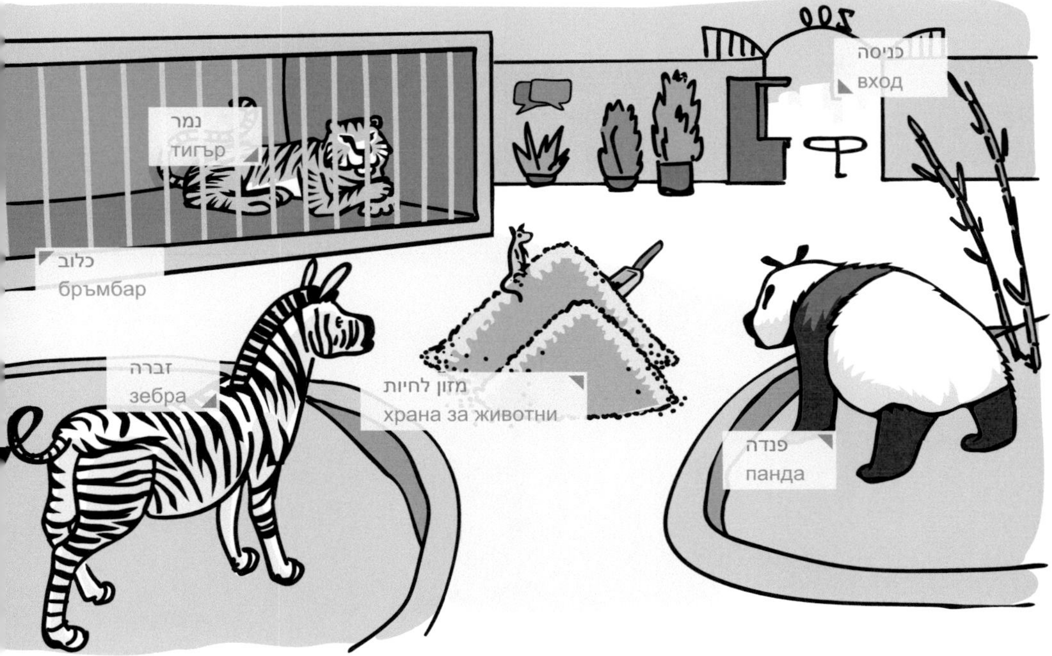

כניסה
вход
נמר
тигър
כלוב
бръмбар
זברה
зебра
מזון לחיות
храна за животни
פנדה
панда

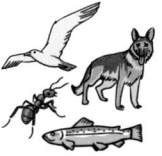

בעלי חיים

животни

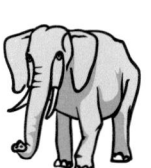

פיל

слон

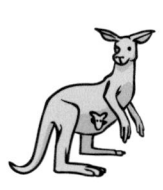

קנגרו

кенгуру

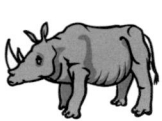

קרנף

носорог

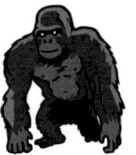

גורילה

горила

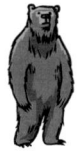

דוב

мечка

גמל

камила

יען

щраус

 *(note: ostrich top)*

אריה

лъв

קוף

маймуна

פלמינגו

фламинго

תוכי

папагал

דוב הקרח

бяла мечка

פינגווין

пингвин

כריש

акула

טווס

паун

נחש

змия

תנין

крокодил

שומר גן החיות

пазач в зоологическа
градина

כלב ים

тюлен

יגואר

ягуар

סוס פוני

פוני

לאופרד

леопард

היפופוטאם

хипопотам

ג'ירפה

жираф

נשר

орел

חזיר בר

диво прасе

דג

риба

צב

костенурка

סוס ים

морж

שועל

лисица

איילה

газела

פוטבול אמריקאי
американски футбол

רכיבת אופניים
колоездене

טניס
тенис

כדורסל
баскетбол

שחיה
плуване

אגרוף
бокс

הוקי
хокей на лед

כדורגל
футбол

בדמינטון
бадминтон

אתלטיקה
лека атлетика

כדור-יד
хандбал

עשה סקי
ски бягане

פולו
поло

צחק
смея се

קפץ
скачам

חיבק
прегръщам

הלך
вървя

שר
пея

חלם
сънувам

התפלל
моля се

נשק
целувам

כתב пиша	צייר рисувам	הראה показвам
דחף бутам	נתן давам	לקח взимам

יש / להיות הבעלים

имам

עמד

стоя

עשה

правя

היה

съм

זרק

хвърлям

רץ

тичам

משך

дърпам

חיכה

чакам

נפל

падам

שכב

лежа

התלבש

обличам

סחב

нося

ישב

седя

ישן

спя

התעורר

събуждам се

הסתכל ב-
разглеждам

בכה
плача

ליטף
милвам

סירק
реша се

דיבר
говоря

הבין
разбирам

שאל
питам

שמע
слушам

שתה
пия

אכל
ям

סידר
разтребвам

אהב
обичам

בישל
готвя

נהג
карам автомобил

עף
летя

שט

плавам (с платна)

חישב

смятане

קרא

чета

למד

уча

עבד

работя

התחתן

женя се

תפר

шия

ציחצח שיניים

измивам си зъбите

הרג

убивам

עישן

пуша

שלח

изпращам

משפחה

семейство

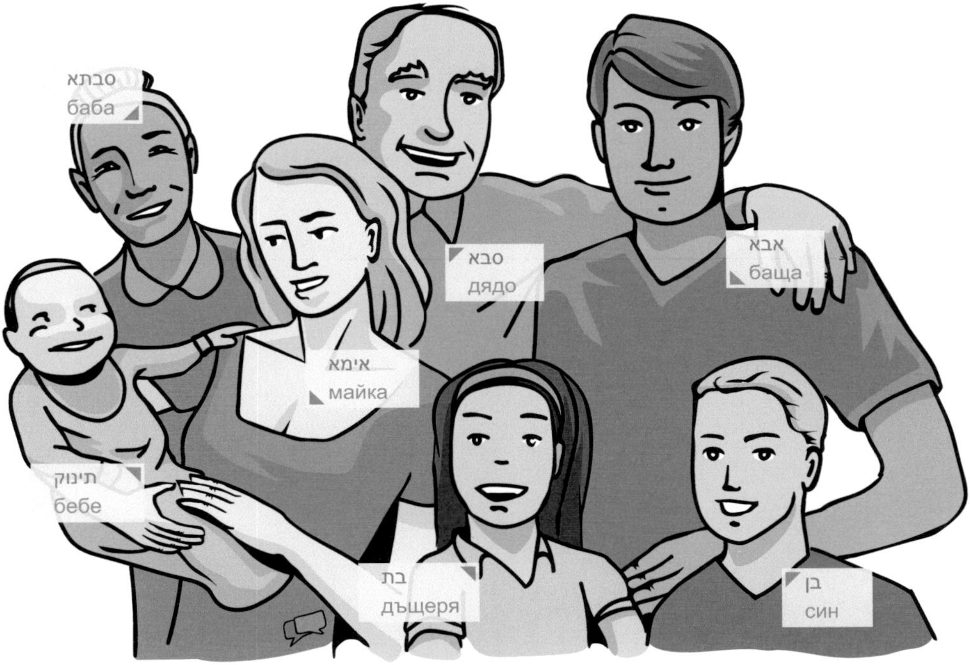
סבתא
баба
סבא
дядо
אבא
баща
אימא
майка
תינוק
бебе
בת
дъщеря
בן
син

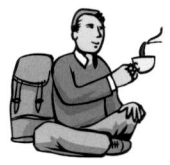

אורח

посетител

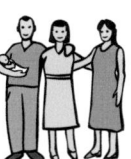

דודה

леля

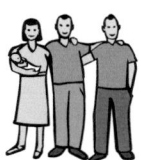

דוד

чичо

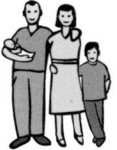

אח

брат

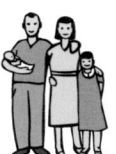

אחות

сестра

גוף

тяло

מצח
чело
עין
око
כתף
рамо
אצבע
пръст
פנים
лице
סנטר
брадичка
כף יד
ръка
רגל
крак
חזה
гърди
זרוע
ръка

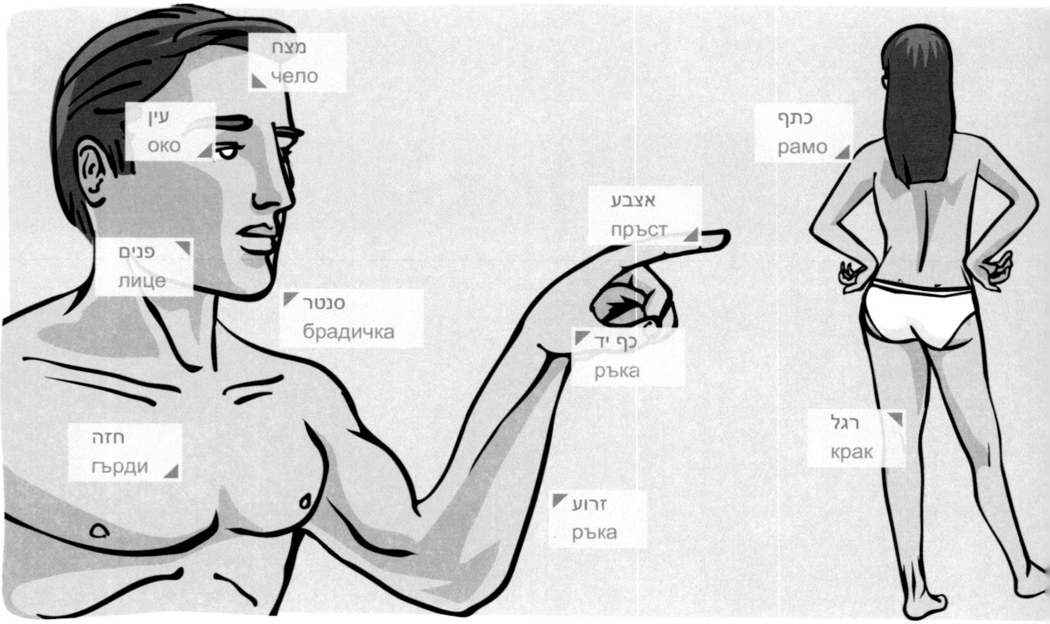

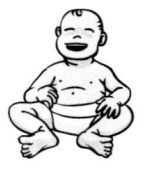

תינוק

бебе

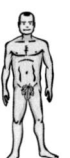

איש

мъж

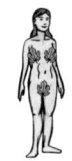

אישה

жена

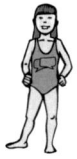

ילדה

момиче

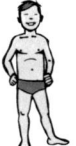

ילד

момче

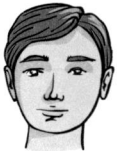

ראש

глава

גב

גръб

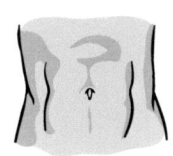

בטן

корем

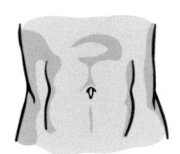

טבור

пъп

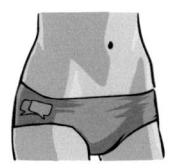

אצבע

пръст на крака

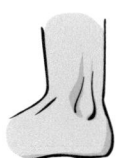

עקב

пета

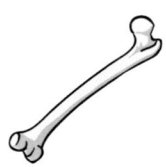

עצם

кост

ירך

хълбок

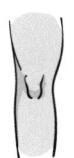

ברך

коляно

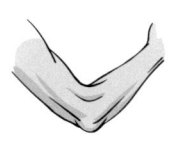

מרפק

лакът

אף

нос

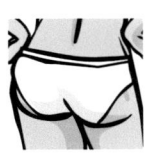

עכוז

седалище

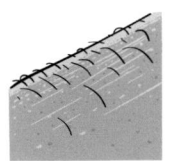

עור

кожа

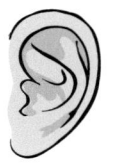

לחי

буза

אוזן

ухо

שפתיים

устна

פה

уста

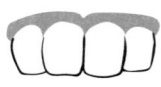

שן

зъб

לשון

език

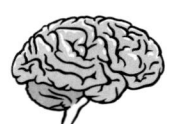

מוח

мозък

לב

сърце

שריר

мускул

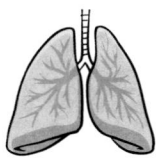

ריאה

бял дроб

כבד

черен дроб

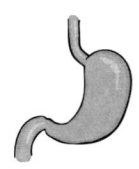

קיבה

стомах

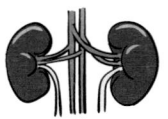

כליות

бъбреци

מין

полово сношение

קונדום

кондом

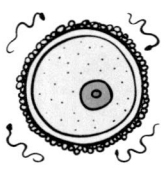

ביצית

яйцеклетка

זרע

сперма

הריון

бременност

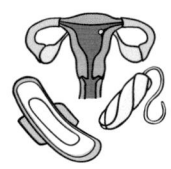

ווסת

менструация

נרתיק

вагина

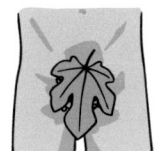

פין

пенис

גבה

вежда

שיער

коса

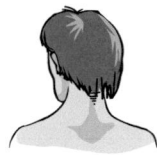

צוואר

шия

בית חולים

болница

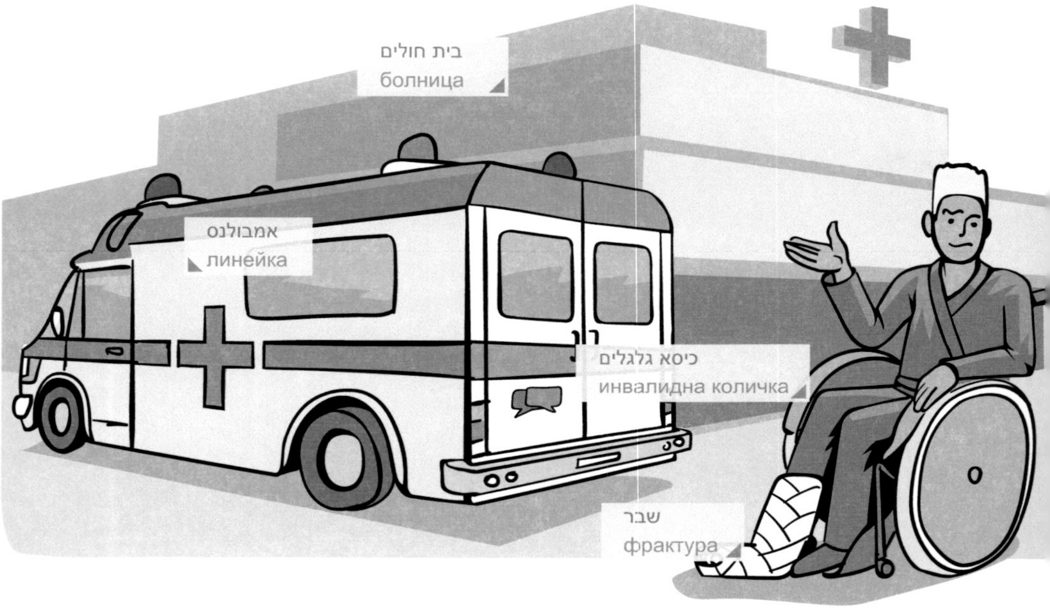

בית חולים
болница
אמבולנס
линейка
כיסא גלגלים
инвалидна количка
שבר
фрактура

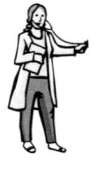

רופא

лекар

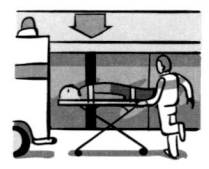

חדר מיון

спешна хоспитализация

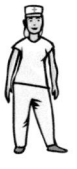

אחות

медицинска сестра

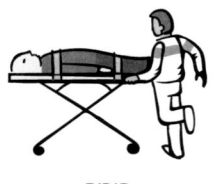

חירום

спешен случай

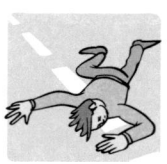

חסר הכרה

в безсъзнание

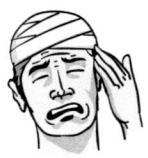

כאב

болка

פציעה

нараняване

דימום

кървене

התקף לב

инфаркт

שבץ

инсулт

אלרגיה

алергия

שיעול

кашлица

חום

температура

שפעת

грип

שלשול

диария

כאב ראש

главоболие

סרטן

рак

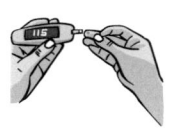

סוכרת

диабет

מנתח

хирург

אזמל

скалпел

ניתוח

операция

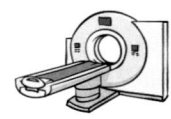

טי-סי

компютърна томография

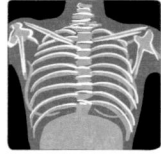

רנטגן

рентген

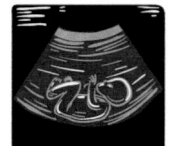

אולטרסאונד

ултразвук

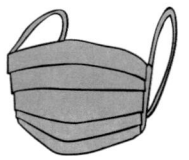

מסיכת פנים

маска

מחלה

болест

חדר המתנה

чакалня

קבה

патерица

פלסטר

пластир

תחבושת

превръзка

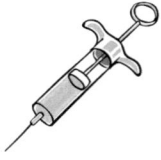

זריקה

инжекция

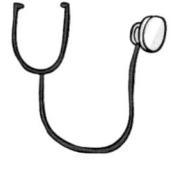

סטטוסקופ

стетоскоп

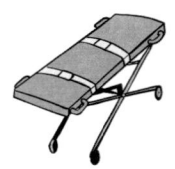

אלונקה

носилка

מד חום

термометър

לידה

раждане

עודף משקל

наднормено тегло

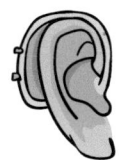

מכשיר שמיעה

слухов апарат

מחטא

дезинфекционно средство

זיהום

инфекция

נגיף

вирус

איידס

HIV / AIDS

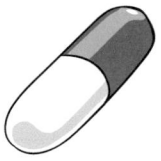

תרופה

медицина

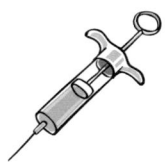

חיסון

ваксинация

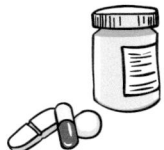

טבליות

таблети

גלולה

противозачатъчна
таблетка

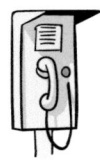

קריאת חירום

спешно телефонно
обаждане

מד לחץ דם

апарат за измерване на
кръвното налягане

חולה / בריא

болен / здрав

הצילו!

Помощ!

אזעקה

сигнал за тревога

פשיטה

нападение

תקיפה

атака

סכנה

опасност

יציאת חירום

авариен изход

אש!

Пожар!

מטף כיבוי

пожарогасител

תאונה

злополука

ערכת עזרה ראשונה

комплект за оказване на
първа помощ

הצילו!

SOS

משטרה

полиция

אירופה

Европа

צפון אמריקה

Северна Америка

דרום אמריקה

Южна Америка

אפריקה

Африка

אסיה

Азия

אוסטרליה

Австралия

האוקיינוס האטלנטי

Атлантически океан

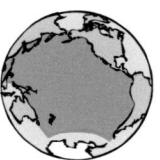

האוקיינוס השקט

Тихи океан

האוקיינוס ההודי

Индийски океан

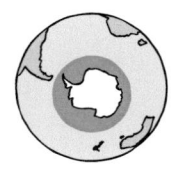

האוקיינוס האנטרקטי

Южен ледовит океан

האוקיינוס הארקטי

Северен ледовит океан

הקוטב הצפוני

Северен полюс

הקוטב הדרומי

Южен полюс

אנטארקטיקה

Антарктида

כדור הארץ

Земя

אדמה

суша

ים

море

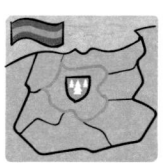

אי

остров

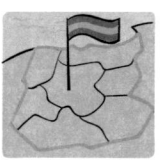

לאום

нация

מדינה

държава

פני השעון

циферблат

מחוג השעות

стрелка на часовете

מחוג הדקות

стрелка на минутите

מחוג השניות

стрелка на секундите

מה השעה?

Колко е часът?

יום

ден

זמן

време

עכשיו

сега

שעון דיגיטלי

дигитален часовник

דקה

минута

שעה

час

שבוע

седмица

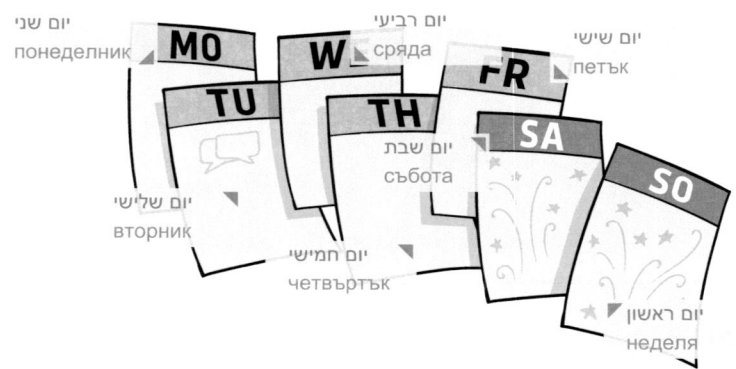

יום שני / понеделник
יום רביעי / сряда
יום שישי / петък
יום שלישי / вторник
יום שבת / събота
יום חמישי / четвъртък
יום ראשון / неделя

אתמול

вчера

היום

днес

מחר

утре

בוקר

сутрин

צהריים

обед

ערב

вечер

ימי עבודה

работни дни

סוף שבוע

уикенд

גשם
דъжд

קשת בענן
дъга

שלג
сняг

רוח
вятър

אביב
пролет

סתיו
есен

קיץ
лято

חורף
зима

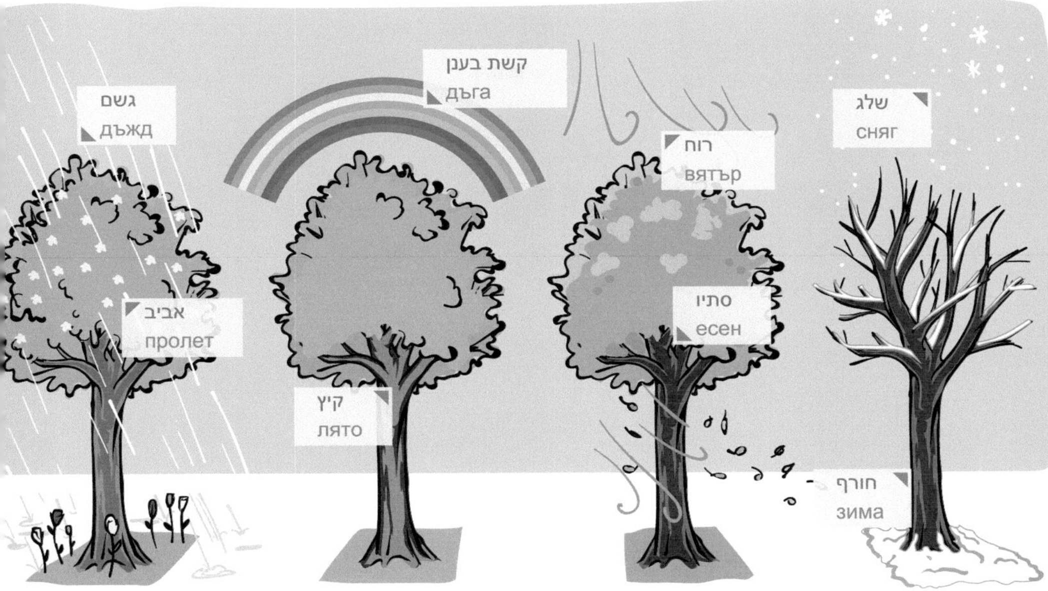

תחזית מזג האוויר

прогноза за времето

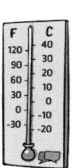

מד חום

термометър

אור שמש

слънчева светлина

ענן

облак

ערפל

мъгла

לחות

влажност на въздуха

ברק

светкавица

רעם

гръмотевица

סערה

буря

ברד

градушка

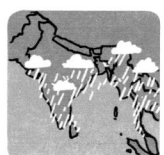

רוח עונתי

мусон

שיטפון

наводнение

קרח

лед

ינואר

януари

פברואר

февруари

מרץ

март

אפריל

април

מאי

май

יוני

юни

יולי

юли

אוגוסט

август

ספטמבר
....
септември

אוקטובר
....
октомври

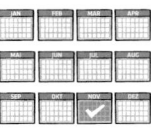

נובמבר
....
ноември

דצמבר
....
декември

צורות

форми

עיגול
....
кръг

מרובע
....
квадрат

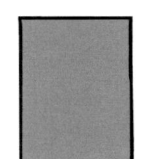

מלבן
....
четириъгълник

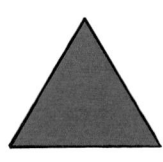

משולש
....
триъгълник

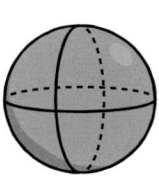

כדור
....
сфера

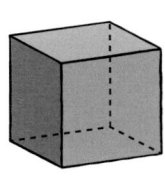

קובייה
....
куб

לבן

бял

צהוב

жълт

כתום

оранжев

ורוד

розов

אדום

червен

סגול

лилав

כחול

син

ירוק

зелен

חום

кафяв

אפור

сив

שחור

черен

הרבה / מעט

много / малко

כועס / רגוע

ядосан / спокоен

יפה / מכוער

красив / грозен

התחלה / סוף

начало / край

גדול / קטן

голям / малък

בהיר / כהה

светъл / тъмен

אח / אחות

брат / сестра

נקי / מלוכלך

чист / мръсен

שלם / חלקי

пълен / непълен

יום /לילה

ден / нощ

מת / חי

мъртъв / жив

רחב / צר

широк / тесен

אכיל / לא אכיל

ядлив / неядлив

רשע / טוב לב

сърдит / любезен

מתרגש / משועמם

развълнуван / скучаещ

שמן / רזה

дебел / тънък

ראשון / אחרון

най-напред / най-накрая

חבר / אויב

приятел / враг

מלא / ריק

пълен / празен

קשה / רך

твърд / мек

כבד / קל

тежък / лек

רעב / צמא

глад / жажда

חולה / בריא

болен / здрав

בלתי-חוקי / חוקי

нелегален / легален

נבון / טיפש

интелигентен / глупав

שמאל / ימין

ляво / дясно

קרוב / רחוק

близо / далече

חדש / משומש

нов / употребяван

כלום / משהו

нищо / нещо

זקן / צעיר

стар / млад

פעיל / כבוי

вкл. / изкл.

פתוח / סגור

отворен / затворен

שקט / רועש

тих / силен (звук)

עשיר / עני

богат / беден

נכון / שגוי

правилен / погрешен

מחוספס / חלק

грапав / гладък

עצוב / שמח

тъжен / щастлив

קצר / ארוך

дълъг / къс

איטי / מהיר

бавен / бърз

רטוב / יבש

мокър / сух

חם / קר

топъл / студен

מלחמה / שלום

война / мир

0	**1**	**2**
אפס	אחת	שתיים
нула	едно	две

3	**4**	**5**
שלוש	ארבע	חמש
три	четири	пет

6	**7**	**8**
שש	שבע	שמונה
шест	седем	осем

9	**10**	**11**
תשע	עשר	אחת-עשרה
девет	десет	единадесет

12

שתים-עשרה

дванадесет

13

שלוש-עשרה

тринадесет

14

ארבע-עשרה

четиринадесет

15

חמש-עשרה

петнадесет

16

שש-עשרה

шестнадесет

17

שבע-עשרה

седемнадесет

18

שמונה-עשרה

осемнадесет

19

תשע-עשרה

деветнадесет

20

עשרים

двадесет

100

מאה

сто

1.000

אלף

хиляда

1.000.000

מיליון

милион

אנגלית

английски

אנגלית אמריקאית

американски английски

סינית מנדרינית

китайски мандарин

הודית

хинди

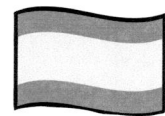

ספרדית

испански

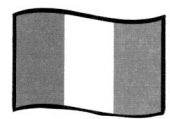

צרפתית

френски

ערבית

арабски

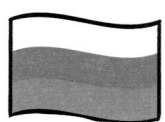

רוסית

руски

פורטוגזית

португалски

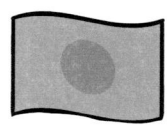

בנגלית

бенгалски

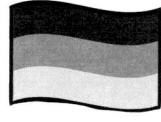

גרמנית

немски

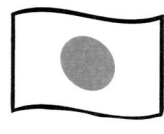

יפנית

японски

אני

аз

אתה / את

ти

הוא / היא / זה

той / тя / то

אנחנו

ние

אתם

вие

הם

те

מי?

кой?

מה?

какво?

איך?

как?

איפה?

къде?

מתי?

кога?

שם

име

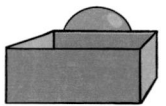

מאחור

зад

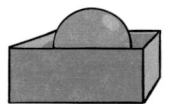

בתוך

в

לפני

пред

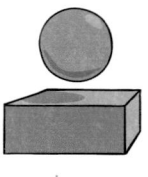

מעל

над

על

върху

מתחת

под

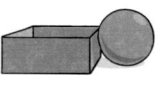

ליד

до

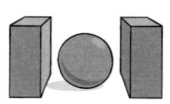

בין

между

מקום

място